AF140564

**Udo Robert Riegger**

# Keine Angst vor großen Tieren

# - tierisch -

Bibliographische Information der Deutschen Nationalbibliothek:
Die Deutsche Nationalbibliothek verzeichnet diese Publikation in der Deutschen Nationalbibliografie; detaillierte bibliografische Daten sind im Internet über http://dnb.dnb.de abrufbar.

Herstellung und Verlag
BoD – Books on Demand, Norderstedt

ISBN: 978-3-7357-7497-2

Der Autor:

**„Das reale Leben hat die Satire längst schon überholt."**

Sein Weg ist sein Ziel. Und als er sich darauf begab, war ihm das nicht bewusst. Udo Robert Riegger, Jahrgang 1958, seine Interessen und Vielseitigkeit brachten ihn beruflich zum Maschinenbaumeister, Elektrotechniker, Betriebswirt, Ergotherapeuten und in die freiberufliche Gesundheitsberatung und privat u.a. bis ans Ende (nein, eigentlich bis an den Anfang) dieser Welt. Beruflich wie privat kreuzen Menschen aller Couleur seinen Weg und hinterlassen Eindrücke, die ihn zu menschlichen, politischen und tierischen Texten inspirieren.

„Ich schreibe, weil es mir Spaß macht und etwas in meinem Inneren mich dazu auffordert. Formulierungen über Zusammenhänge, Begebenheiten, Erfahrungen oder Empfindungen entwickeln sich in mir und machen einfach Laune. Insbesondere, wenn die Muse mich völlig überraschend küsst. Das kann am helllichten Tage oder in tiefschwarzer Nacht sein. Nicht selten lese ich dann erstaunt das, was sich vor mir auf dem Papier zusammen gefunden hat. Jedes Mal aber löst es eine innere Zufriedenheit aus und das sichere Gefühl, dass es richtig ist."

# Keine Angst vor großen Tieren

## - tierisch -

Tier im Mensch und umgekehrt

entdecken Sie beider Charaktere

in

# - tierisch -

von

Udo Robert Riegger

**Das Lachen als Muntermacher –
Das Nachdenken als Mutmacher**

# Widmung

**Für die Lebensfreude**

# Inhalt

# Menschenaffen

Ein Menschenaffe
kommt auf die Welt
und lernt
was zum Überleben zählt

er wächst auf in der Familie
hat Brüder, Schwestern,
Cousin und Cousine
er wird noch an der Brust gesäugt
während schelmisch er die Welt
um sich herum beäugt

nach und nach wächst er heran
versucht sich oft als Kind-Tyrann

er lernt sich durchzusetzen der Kleine
macht seinen Artgenossen oft dann Beine

er wächst heran

lernt abzubeißen

zu kauen und zu mahlen

und

was es auf sich hat

mit seinen Genitalien

hier trennt sich dann

die Spreu vom Weizen

der eine lebt zufrieden treu

der andere will

mit Sex nicht geizen

der eine will Familie gründen

dass alle sich

in Obhut

und in Sicherheit befinden

der andere zieht los

um sexuelle Befriedigung zu finden

sich zu vermehren im ganzen Land

und bei Bedarf

noch nachzuhelfen mit der Hand


der eine seinen Routinetag erledigt

der andere seinen Sextrieb

nun bisexuell predigt

egal

ob andere verheiratet oder ledig


der eine baut sich auf

ein Leben in Harmonie

der andere zwingt andere

auch beruflich in die Knie

der eine sieht aufwachsen

die Frucht seiner Lenden

der andere verpasst Chance um Chance

sein Leben zu wenden


der eine bekommt Besuch

von seinen Nachkommen

der andere strenge Aufforderungen

zu Gericht zu kommen


der eine erlebt seinen Ruhestand

ganz ohne Hast

der andere ihn verbringt im Knast


am Ende nun ist zu erkennen

die Bezeichnung Menschenaffe ist zu trennen

der Affe dabei nur den Namen trägt

der Mensch doch oft

dessen Charakter lebt

\*\*\*

# Schneckenflucht

Die Schnecken trafen sich am Zaun
sie hatten sich vorgenommen
abzuhau´n

lange schon regen sie sich darüber auf
dass ihnen etwas hinterher läuft
im Dauerlauf

sie fühlen sich bedroht
nicht nur belästigt
von etwas das sich hinter ihnen aufhält
und sich dort hartnäckig bekräftigt

es regt sie maßlos auf
ständig verfolgt zu werden
egal wo sie sich bewegen
auf festen oder losen Erden

sogar beim Fressen auf leckeren

grünen Blättern

schleicht es hinter ihnen her

jetzt reicht´s - zum Donnerwetter

sie können und sie wollen auch nicht mehr

denn ob Regen oder Sonnenschein

zieht sich´s im Schatten hinter ihnen drein

doch nun bei Nacht und Nebel

sind sie sich einig

wird ihre Flucht auch mühsam und steinig

sie werden es schaffen

werden rennen und rennen

und sich durch nichts aufhalten lassen

später werden Augenzeugen dann berichten

wie sich im Morgengrauen die Nebel lichten

und wie sie gemütlich beim Frühstück saßen

als plötzlich

Schnecken um die Ecken rasten


der Wille der Schnecken zur Flucht ist stark

sie sind mehr noch als bereit

nichts ist ihnen wichtiger

in ihnen wallen Mut und Entschlossenheit

jetzt sind sie sich sicher

und nicht nur insgeheim

jetzt

jetzt ist der Zeitpunkt

um wegzukommen

von

diesem Schleim

***

# Wale

Vor vielen, vielen Millionen Jahren

als die Wale in die Meere kamen

und damals schon

friedliche Zeitgenossen waren

sie glücklich an der

Wasseroberfläche schwammen

sie turtelten und liebten sich

in allen Ozeanen und allen Meeren

viele verschiedene Arten umgaben sich

doch keiner kam auf die Idee

den anderen zu stören

freundlich und hilfsbereit waren sie

belebten alle Höhen und Tiefen

bis eines Tages fremde Stimmen

nach ihnen riefen

sie folgten diesen Rufen in Scharen

weil sie außer friedfertig

auch noch neugierig waren

so trafen sie

in ihrer unschuldigen

Sorglosigkeit

spitze todbringende

Pfeile, Speere und Lanzen

von jagenden Menschen

tief in sie hinein

die farbenfrohe

türkis-blauen Ozeane und Meere

schäumten mächtig auf vor Wut

verfärbten sich dennoch schnell

mit dunkelrotem Blut

der Mensch

ersetzte mit schweren Geschützen

seine Lanzen, Pfeile und Speere

jagte verheerender denn je

und weitete seine Jagd aus

in alle Meere


die Wale hatten keine Wahl

zogen sich von der geliebten sonnigen

und wärmenden Meeresoberfläche

zurück mit einem Mal

hinab

in der Meerestiefe

dunklen und kalten Saal


sie mussten lernen

länger mit weniger Luft auszukommen

um den mordenden Menschen

zu entkommen

mit den Jahren aber

nahm das Morden der Menschen

mehr und mehr zu

die Wale

fanden *nirgendwo* mehr ihre Ruh´

den Menschen war es egal

was sie töteten

ob Junge, Alte, Männer, Frauen

Kinder oder Föten

alle Walarten kamen so

in ihrem Überleben in größte Nöten

so vergingen viele Jahre

der Angst, Qual und Pein

und Natur sei Dank

fällt bei solch´ massiv Bedrohten

dem einen oder anderen

dann doch noch was ein

die Menschen zur Jagd jetzt

mit modernen Funksystemen kamen

die den Walen immer öfter

ihre Orientierung nahmen


die Wale doch

entwickelten ein Gegensystem

und fingen ein

der Menschen Signale

formten sie um

und schickten sie zurück

beeinflussten so

des Menschen Gehirn

und insbesondere

sein Genitale

das

es klingt zwar verrückt

aber bei Entscheidungen des Menschen

gerne und oft in Vordergrund rückt

sie deaktivierten

der Menschen

sexuelles Verlangen

und lösten aus

dafür

den unbändigen Wunsch

die grenzenlose Begierde

Umweltschutz zu praktizieren

und das nicht bloß vor ihren Türen

plötzlich

Milliarden von Menschen

wanderten daraufhin

als Heere in die Meere

bewaffnet mit

Putzeimer

und Lappen

viele auch mit Feuchtigkeits-Creme

Trainingshosen und Badeschlappen

jetzt mal ehrlich

von Mensch zu Mensch

mit Verstand und Menschlichkeit

wenn die Wale

das tun könnten

mit der Menschen blöder Masse

das wär´ doch einfach

klasse

doch leider

hilft das den Walen nicht wirklich weiter

weil zu wenige von uns schauen richtig hin

und wir andere es an Mut lassen fehlen

und hoffen vielleicht

dass es dies könnte geben

in einer anderen Welt

einer parallelen

aber

unternehmen *wir hier*

in diesem Leben

nicht viel viel mehr

gegen diese Qualen der Wale

dann

wird bald

uns allen

und dem Planeten

eine weitere wichtige

intelligente Rasse fehlen

\*\*\*

# Große Retter

Unser Planet

hängt beneidenswert aktiv

im Weltall

zwar ein bisschen schief

doch in herrlichem Blau

schön rund

und des Nachts erscheint er

kunterbunt

das sah auch die düstere Macht

die auf die Erde zukam

in jener Nacht

sie brauchte frische Energie

um ihre Schwärze aufzuheitern

drum lehnte sie sich an der Erde an

und wurde immer breiter

die Menschen

waren so mit sich selbst beschäftigt

und nahmen davon gar nichts wahr

wie immer waren sie sich gegenseitig

so was von lästig

und übersahen

jedes Anzeichen von Gefahr


die düstere Macht breitete sich aus

verschlang auch das kleinste Licht

es würde nicht lange dauern

dann wäre die Erde

blickdicht


die Meteorologen registrierten zwar

dass da was war

und machten ihre Kalauer über

einen weitentfernten Meteoritenschauer

danach erzählten sie in aller Kürze von einer

außergewöhnlich nächtlichen Himmelsschwärze

und oberwichtig

wie sie dachten

empfahlen sie der Bevölkerung

dies Phänomen unbedingt zu betrachten


natürlich sah da keiner hin denn

nach Sonnenfinsternis

und Mondfinsternis

nun noch eine Schwärze

als nächtliche Sicht

die Menschen lachten

und kümmerten sich nicht


wahrscheinlich wäre es das gewesen

mit unserem Planeten

hätten wir als Mitbewohner

nicht diese kleinen *intelligenten* Wesen

sie schwirren herum und summen

manche von ihnen brummen

und es scheint als würden sie nie verstummen

sie fliegen tagaus, tagein

schützen und pflegen eine Königin

bauen Nester aus Waben

und erzeugen für Mensch und Tier

eine der leckersten Gaben

richtig

die Bienen

schon frühmorgens

hatten sie etwas wahrgenommen

dieses etwas war ihrer Erde

sehr sehr nahe gekommen

ein dünner leichter Schatten

zog sich vor das Sonnenlicht

und nur die Bienchen bemerkten

die Veränderung des Lichts

als sie fleißig emsig

in die Blütenkelche flogen

mit Blütenstaub an ihren Füßchen

den leckeren Nektar haben aufgesogen

da sahen sie sofort

den veränderten Glanz der Blüten

und spürten

dass

etwas Bedrohliches kam

vor dem sie mussten sich hüten

früh am Tag

bevor noch irgendwer irgendwo

bloß das Geringste vernahm

der Bienen bester Auskundschafter

bereits von seinem Erkundungsflug

zurückgekommen war

obwohl völlig erschöpft

und müde

ließ er es sich nicht nehmen

der Gute

sofort zu berichten von seinem Fluge


seine Zuhörer

staunten ungläubig darüber

als sie hörten wie weit er war geflogen

so hoch hinauf und über

den Horizont rüber


er gab zu

zwischendurch habe er fast

den Mut verloren und wäre am liebsten

irgendwo abgebogen

doch die Sorge um seinen Planeten bestärkte ihn

und so hat er es dann doch noch durchgezogen

draußen dann

zwischen der

Troposphäre und Stratosphäre

sah er diesen langen dunklen Schatten

der fremden Massen

die sich an der Erde zu schaffen machten

um sie tödlicher als tödlich zu umfassen

nach dieser Horrorschilderung

die Bienchen schwärmten aus fortan

um heraus zu kriegen den Plan

welchen **SIE** hegte bereits

die als intelligenteste

Spezies geltende Menschheit

doch den Bienen wurde schnell bewusst

da ist nicht viel mit Umweltschutz

und schoben auf die Menschheit Frust

doch entgegen den Menschen in ihrer Naivität

wussten sie es war noch nicht zu spät

so kamen sie überein einstimmig

und zwar mit jeder ihrer Gattung

sie zu versuchen

die Planetenrettung

sie lösten aus eine Kettenreaktion

und um den ganzen Erdtrabanten

traten Abermillionen Bienen in Aktion

doch trotz ihrer Telepathie

mit der sie die ganze Welt umzogen

dauerten die Vorbereitungen

bis in die späten Abendstunden

dabei hofften sie

dass doch noch

Hilfe von der Menschheit kam

doch die sich selbstgefällig

wie schon immer nur benahm

die dunkle zerstörerische Macht

sich mittlerweile

an der Erde hatte festgemacht

ihr Schatten zog sich

weit und breit

die Bienchen wussten

jetzt ist es soweit

sie schwärmten aus

gegen des Mondes Licht

ihre Angst und ihr Mut

drängte sie dicht an dicht

als sie so massig aufgeflogen

nahmen es die Menschen wahr

lachten

und dachten

an die Empfehlungen der Meteorologen

indessen

die ersten Bienen die

die schwarze Masse erreichten

sich an deren Ränder niedersetzten

und verschnauften für ein Weilchen

flugs fingen sie dann an

ihren leckeren Honig auszuspucken

und ihn an den schwarzen Rändern

anzudocken

schnell und flink

wie die Bienchen nun mal sind

umspannten sie

die gesamte schwarze Masse damit

und zwar geschwind

an langen zähen Honigfäden

zogen sie

den ganzen Rand entlang

um ihn abzulösen

doch das misslang

die Bienen sich wieder vom Rand ablösten

weil sie sahen, dass es so nicht klappt


manch´ Mensch

wird jetzt bemerken

na wusst´ ich´s doch

jetzt machen sie schlapp

oder

oje-oje-ojemine


doch

intelligent

wie Bienen nun mal sind

hatten sie einen Plan „B"

zu den Abermillionen Bienen

die bereits

auf der schwarzen Masse verweilten

und ihren leckeren

klebrigen Honig verteilten

kamen noch Abermillionen

mehr hinzu

und setzten

der feindlichen Macht gehörig zu

geschmeidig und flüssig

beförderten sie

überallhin den köstlichen Nektar

bis dass er dickgeschlossen

als umfassende Schicht verschmolzen war

und durch die Temperatur der schwarzen Fläche

gewann diese Schicht zunehmend an Härte

andere rammten

ihren spitzen Stachel in jede Stelle

die weich oder frei

und vernahmen mit Genugtuung

jeden aus der bedrohlichen Masse

entweichenden Schmerzensschrei

obwohl sie wussten

dass ihr eigenes Leben

nach diesem Stich dann

war vorbei

noch mit letzter Kraft

hakten viele sich ein

verzurrten sich gegenseitig dicht

und zogen gemeinsam an der nun

dicht und fest verhärteten Honigschicht

sie zogen und zerrten noch weiter

auch als ihnen ihre kleinen Leiber

schon höllisch weh taten

und ihnen ihre Augen vor Anstrengung

weit aus ihren Köpfchen ragten


dann plötzlich

ein so gewaltiger Ruck sich ergab

dass die schwarzen Massen

mussten von der Erde ablassen


doch

das unvorstellbare

gegeneinander Wirken

dieser Kräfte und Energien

wird von der Physik

nicht ohne Gegenwirkung verziehen

so wurden

diese zwei Lebensarten

die völlig verschiedene

Lebensansichten haben

und

die gegensätzlicher

nicht könnten sein

in ihrer Definition von Macht

auf

diesem Wege

warum auch immer

durch das Schicksal

zum Leidwesen der Bienen

für immer zusammengebracht

denn

die Bienchen nun

die unsere Erde

von dieser zerstörerischen Macht

gesäubert

wurden mit ihr zusammen

ins Weltall

rausgeschleudert

(hier darf auf ein mitfühlendes Oooh gewartet werden)

für die Menschen

ging *ihr* Alltag gewöhnlich weiter

nichtwissend lachten sie heiter

über die Meteorologen

die ihrer Ansicht nach

zu Unrecht

ein Gehalt bezogen

die wenigen Bienchen aber

die die Rettung der Erde überlebten

weil sie auf Planetenseite festklebten

haben die Enttäuschung

darüber

nie richtig überwunden

dass sie

von Menschenseite

keine Hilfe haben gefunden


heute macht sich der Mensch

über den Rückzug der Bienen

so seine Gedanken

vielleicht sollte er sich einfach mal

bei ihnen bedanken

\*\*\*

# Der Albatros

Ein Albatros

seinen ersten Flug gemacht

ist sehr auf seine erste Landung

nun bedacht

er steuert an

auf geeignete Weise

eine breite flache sandige Schneise

die ihm eine weiche Landung verspricht

er streckt vor

elegant grazil und mit Genuss

den einen vor den anderen Fuß

berührt die Oberfläche und

fliegt vornüber auf die Fresse

spürt dann

an seinem Steiß die Schneise

denkt im Sturz nur kurz

verdammte Scheiße

überschlägt sich mehrmals

und rutscht zügig weiter

flucht wie auf die Pest

bis ihm gibt ein Felsvorsprung

den Rest


ein blaues Auge

die Nase blutig

die Lippen aufgesprungen und

verschmiert mit Möwendreck

fühlt er

mit seiner tauben Zunge

nach seinen Zähnen

und stellt fest

- sind alle weg -

so lernt er weg vom Fleck

und noch vor

dem nächsten Morgen

wer den Schaden hat

braucht für den Spott

nicht zu sorgen

in seiner Traurigkeit

und unter dem Spießrutenlauf

den seine Artgenossen halten bereit

geht ihm der Gedanke an seine Großmutter auf

er weiß

sie liebt ihn ganz gewiss

und

wird ihm sicher aushelfen

mit ihrem Gebiss

doch eines

das schwört er sich

bei allem

was ihm heilig ist

bevor er

jemals wieder

so wird stranden

will er niemals

niemals wieder

irgendwo landen

seine Wunden verheilen im Nu

und seine Zahnlücken sind zu

die falschen Zähne

seiner Großmutter sie krönen

als er sie kennenlernt

*sie*

die Schönste aller Schönen

lange Zeit

hat er nur rumgehangen

und keinen Fisch mehr

selbst gefangen

doch nun

will er sich der Schönen zeigen

hat aber Angst davor

es zu vergeigen

um ihr zu gefallen

sie gar zu gewinnen

ist ihm klar

muss er mit sich ringen

muss er raus aus seiner Gruft

und ihr zeigen

dass er

wie kein anderer

das Jagen beherrscht

dort im Meer und aus der Luft

doch fühlt er sich stark

an seinen Schwur gebunden

er überlegt nun unumwunden

wie kann er diese Dinge nur verbinden

wird immer unsicherer

ob dafür eine Lösung lässt sich finden

was er aber immer sicherer weiß

die Liebeskonkurrenz ist groß

denn seine Schöne ist viel umworben

und das nicht nur

von jedem Single-Albatros

so steigt er auf

zu seinem zweiten Flug

der Wind unter seinen Flügeln

tut ihm richtig gut

er schießt hoch hinauf und tief hinab

fängt Fisch um Fisch

hält deren Schwärme schwer auf Trab

er fliegt entlang der weißen Küste

sieht unten seine Schöne

in der Felsenwüste

und wünscht sich

dass sie

von seiner Liebe wüsste

er fliegt Pirouetten

mit Kunststückchen bestückt

überschlägt sich mal vor

dann wieder zurück

schießt aus dem Wolkenhimmel heraus

mit draufgängerischem Blick

in die klare frischgesalzene Luft

fühlt sich wohl

und geniest den Meeresduft


der Abend naht

und alle machen ihren Schlafplatz fein

dem Albatros aber

fällt plötzlich sein Schwur wieder ein


er schafft es nicht ihm zu entfliehen

entschließt sich erstmal

wegzufliegen

obwohl er sieht

es wird bald regnen

doch in seinem Kopf

geht´s drunter und drüber

wie soll er je

so seiner Schönen begegnen

der Regen kommt gewaltig krass

sein Federkleid wird schwer weil nass

er kann die Flügel kaum noch halten

wird herumgeschleudert

von Naturgewalten

rettet sich raus

aus der nassen Zone

trocknet und wärmt sich auf

unter der Himmelsbläue

in strahlender Sonne

der zweite Flugtag

sich dem Abend neigt

des Albatros´ Nachdenken

noch immer keine Früchte zeigt

und da er am dritten Tag

nun auch schlafend geflogen

wird er fast in das Triebwerk

eines Flugzeugs gezogen

sein Federkleid jetzt

ziemlich versengt

hat er sich

nachdenkend

und zum Verschnaufen

bewegungslos

in die Luft gehängt

bei seinem Gewicht doch

hält das nicht sehr lange

drum hat er schnell das Fliegen

wieder angefangen


doch unkonzentriert

wie er jetzt grad´ war

steuert er zu

auf die nächste Gefahr


ein Drachenflieger

seine Therme verpasst

dem Albatros

eins ins Genick verpasst


der trudelnd seinen Flug fortsetzt

zu tief gerät und knapp nur

eines Fischers Netz

entgeht

er steuert hoch bis ganz nach oben

dort empfangen ihn Ladungen

abgefeuerter Festlichkeits-Kanonen

er macht sich einen Spaß mit

Münchhausen´s

schwerfälligem Kugelhagel

bis ihn eine trifft am Schnabel


genervt schwingt er sich weiter hoch

verschwindet in den weißen Wolken

hört plötzlich eine Stimme noch

fängt an ihr gleich zu folgen


sie führt ihn aus den Wolken raus

zu fremden Arten und Kulturen

er sieht die Menschen und ihr Haus

sieht die Big Five und ihre Spuren

sieht Berge, Täler, Wälder, Steppen

deren Bewohner

und jedes individuelle Leben

und die Stimme sagt

hier

diese eine Garantie kann ich dir geben

sie gilt ausnahmslos

für jedes Lebewesen

und

glaub mir

jeder

lässt sich hier und da mal gern

betrüben

aber

zu allem

wirklich zu allem Leben

auf diesem Planeten

gehört

üben - üben - üben

der Albatros erkannte

mit großem Gefallen

dass noch nie

ein Meister war

vom Himmel gefallen


er verstand auch plötzlich

dass sein Schwur

für nichts war nützlich

will er die Schöne dort

für sich gewinnen

muss er sich besinnen

und

dass es einfach

zu *seinem* Leben gehört

nicht landen zu können

- ungestört -


\*\*\*

# Pferdestärke

Ein Lebewesen

während es geboren

hatte dabei seine Mutter verloren

sein Vater

wollte Vater nicht werden

so war es jetzt

mutterseelenallein auf Erden

doch seiner Intelligenz entsprechend

die normalerweise geltend

bei Lebewesen auf dieser Erd´

wusste das Neugeborene

es ist ein Pferd

geführt vom Instinkt und der Natur

machte es sich auf

auf unbekannte Spur

auf seinem Weg ins Leben

wurde es oft traurig als es sah

dass es selbst immer alleine war

nahm anderer Familienleben

schmerzlich wahr

auf seiner Lebenstour

kam es durch wilde Steppen

gar den Menschen traf es in der Natur

ihm vertraute es sich an dem netten

denn er versprach ihm

es zu retten

so kam das Pferd

zu einem Zirkus

beobachtete weil´s ihn faszinierte

mit viel Genuss

die unterschiedlichsten Tiere

wie sie unglaubliche

akrobatische Kunststücke schafften

und viele Menschen damit

zum Staunen brachten


es nahm sich vor ganz insgeheim

bald eines der tollen und würdevollen

graziösen wunderschönen

Zirkuspferde zu sein


denn bisher war es nämlich so

sobald es selbst

in die Manege kam

seine Kunst es so gefangen nahm

und wenn auch die Tiere vor ihm

die Menschen noch zum Staunen brachten

jetzt die Zuschauer

lauthals lachten

obwohl

es sich die größte Mühe gab

seinen großen Vorbildern

in allem nachzueifern

indem es auf geraden

und gebogenen Linien

vorwärts

seitwärts

rückwärts

die Traversale

die Passage

die Piaffe

und die Galopppirouette

im Schritte

im Galopp

im Trab

doch nur zum Besten gab

es steigerte sich

von Mal zu Mal

bei jeder Vorführung

gab es so richtig Gas

und es machte

einen Wahnsinns Spaß

bei dem es das

unverständliche Lachen

der Menschen völlig vergaß


so verging ein Jahr ums andre

und obwohl es nie in die Gruppe

der edlen Zirkuspferde gelangte

fühlte es, dass tief in sich

immer mehr

etwas ganz Besonderes aufflammte


es reiste mit dem Zirkus

an viele Orte und in Städte

zog durch Länder

und über Kontinente

es war eine herrliche Zeit

zu fahren und zu bewundern

der anderen Zirkuspferde Schönheit

Stund um Stund in vielen Tagen

auf den offenen Eisenbahnwagen

die Schönen schauten auch zurück

amüsierten sich und lachten

wenn es seine Schritte übte

die es in der Manege vormachte

es war noch immer der sehnlichste Wunsch

mit ihnen gemeinsam vorzuführen

diese Kunst

auf seiner Reise

sah es die unterschiedlichsten Tiere

entlang der Schienengleise

und obwohl es selbst dem Leben dankte

für das Glück das ihm zugeflogen

kam es trotzdem vor dass

in seinen Augen sich Traurigkeit

und Tränen darboten

wenn es Familien und Herden sah

die miteinander umherzogen

doch die Traurigkeit

war schnell verflogen

wenn es wieder

in die Kurven der Manege

mit Vollgas eingebogen

und die Menschen

sich vor Lachen ganz verbogen

nach seinem Training eines Tages

belauschte es zufällig

die Besprechung des Zirkusrates

es erschrak als es hört

dass sein Essverhalten viele empört

der finanzielle Aufwand dafür unerhört

und das Überleben des Zirkus

dadurch empfindlich gestört

das stimmte es traurig

aber es fand es auch schaurig

wie sich die edlen Rösser ernährten

und sich auch sonst so im Alltag gebärten

selbst konnte es nicht genug bekommen

von einem Wasserbade

die hochverehrten Edlen aber

waren sich oft dafür zu schade

auch nahm es nächtens gerne

noch Mahlzeiten ein

und auch das störte schon seit langem

die divenhaften Rösselein

nun lange Rede kurzer Sinn

der Zirkusrat kündigte den Vertrag

es musste gehen egal wohin

es war ein heißer staubiger Tag

als das Pferd aus der Zirkuswelt

in eine weite sonnengrelle Steppe trabt

dass jemand sich zu ihm gesellt

bemerkte es erst später

beim ersten Blick in dessen Augen

zuckt es zusammen und

kann´s nicht glauben

was für ein hässliches Geschöpf

sich da an seine Seite hat gesetzt

egal wie es sich dreht und wendet

dies „Untier" seitlich

nicht verschwindet

während dem Laufen

mustert es seinen Mitläufer

und muss sich eingestehen

wenn er auch ein Dickhäuter

seine Gesellschaft ist sehr angenehm

doch was ist das für ein Gesicht

diese Ohren

diese Augen

diese Nase

das gibt´s doch nicht

und dieses komische Maul

verursacht bestimmt ´ne Menge Druck

und ehrlich gesagt

alles in allem

ergibt einen ziemlich

blöden Gesichtsausdruck

nach einiger Zeit erreichten sie

das Gebiet der Seen und Flüsse

dort bemerkt das Pferd

seine und des anderen gleiche Füße

und als sie sich zum Trinken

vornüberbeugen und

sich gegenseitig

im klaren Wasserspiegel beäugen

da fiel es ihm

wie Schuppen von den Augen

und es fing an lachend

und glucksend zu saufen

plötzlich sammelten sich ihrer viele

sie kamen von überall

und empfingen es

mit lautem Jubeln und fröhlichem Beifall

noch nie im Leben

hatte es etwas so genossen

und es wusste

es war nach Hause gekommen

zu seinen Artgenossen


und als es später seine künstlerischen

Kunststücke brachte dar

da fühlte es ganz deutlich

das Besondere

es war ein Star


so fand es endlich

*seine* Herde

und liebte fortan

abgöttisch

seine Familie

die Flusspferde

\*\*\*

# Tierische Schimpfworte

Der Mensch

benutzt sehr oft das Tier

um sich zu beschimpfen hier

so schreit der Autofahrer

mit hochrotem Kopf

auf seiner Strecke

die er rasend überwinden möchte

den vor ihm Fahrenden an mit

- du lahme Schnecke -

streiten sich Mann und Frau

ständig immerzu und barsch

nennt er sie

- du blöde Kuh -

und sie ihn

- du Affenarsch -

lässt einer dem anderen keine Ruh´

und fällt in jedes Wort ihm rein im Nu

nennt jener diesen weniger bunt

- du blöder Hund -

ist eine Beziehung schon stark zerrüttet

die größten Beschimpfungen

vorüber wie ein gewaltiger Sturm

nennt sie ihn angewidert nur

- du ekeliger kleiner Wurm -

sind die Verletzungen so schlimm

dass jedem vergeht das kleinste

Grinsen und Lachen

nennen sie sich gegenseitig

und das nicht wage

- du stinkende Kakerlake -

in ländlichen Gefilden

und oder auf dem Bau

betiteln sich Streitende

auch gerne mit

- du blöde oder dumme Sau -

sieht er nur

ihr abwehrendes Verhalten und

vernebelt sie ihm Geist und Sinne

nennt er sie

- du durchtriebene kleine giftige Spinne -

hat er kein Geld mehr auf der Bank

schuftet umsonst monatelang

schreit fiebernd weinend er zu ihr

- du geldsaugender Vampir -

ist sie der Meinung

er sei zu lasch

und ein Stubenhocker

will ihr ihr ganzes Leben

nur vermasseln

nennt sie ihn

- du erbärmlich lebende Kellerassel -

untereinander Zerstrittene

machen daraus keinen Hehl

nennen sich gegenseitig

- du dummes Kamel -

brechen beim Streit

Geldkonten

in ungleiche Teile entzwei

nennt einer den anderen

- du geldgieriger Hai -

wird gestritten

weil er oder sie

will auf Pump nur leben

in Saus und Braus

mit teuren Autos und echtem Zobel

nennen sie sich oft vor Geifer triefend

-  du altmodisch komischer Vogel -

hat sie ihn belogen

betrogen

hintergangen

und das schon lange

nennt er sie

- du hinterlistige falsche Schlange -

*ein* Tier

fällt dem Menschen

ganz besonders gerne ein

will er beleidigen und beschimpfen

so schlimm wie´s kann nur sein

benutzt dazu

nicht nur des Tieres Namen

nein, nein

für die möglichste Abscheulichkeit

und deren Verdeutlichung

bedient er sich

Hochkulturen der Beschreibung

und glaubend

er müsse es von sich geben

in einem Reim

sagt er dann zu ihr

oder sie zu ihm

- du dummes, blödes, dreckiges Schwein -

man darf sich wundern hier

benutzt der Mensch auch dieses Tier

um zu zeigen wie gemein er kann sein

findet er´s auf seinem Essensteller

plötzlich wieder fein

doch

bezüglich der Behandlung

für das menschliche Essen dieser Tiere

ob groß oder ob klein

nennt dies Tier den Menschen hier

und das mit Recht

- du Schwein -

nun ist zu fragen und zwar ohne Zier

gibt es sonst noch Schimpfworte

für die Menschen

vom Tier

im Großen und Ganzen eher nicht

denn kein Tier ist darauf erpicht

der anderen Gattung Namen

als Beleidigung zu nutzen

oder gar eine ganze Art

damit zu beschmutzen

was sie von sich halten

zeigen sie unter sich angemessen

passt dem einen des anderen Nase nicht

dann wird er halt gefressen

nur ein winzig kleiner Waldkäfer

beschimpft sehr oft

wenn er gerade

mit Mühe und Not

aus den festen und dichten

Erdenschichten

von ganz unten

endlich hochgekommen


das spärlich´ Tageslicht

am Waldesboden

glücklich er erblickt

glückselig dann

nach oben schaut

doch

ein Schreck ihn

von den Füßen haut

weil er

direkt jetzt über ihm

einen Waldmenschen erblickt

bei dem anscheinend

viel zu viel im Gedärme tickt

und der

im Schutze des Waldesschatten

sich hier eine Erleichterung

vorgenommen hatte

und zwar ´ne ziemlich satte

nun

wie gesagt

der winzig kleine Waldkäfer

beschimpft dann oft

mit Flüchen und mit hochrotem Kopf

diese menschliche Kreatur

hier in *seiner* Natur

bevor er eingedeckt wird

zwar warm und manchmal heiß

von herabstürzendem

menschlichen Scheiß

den erleichterten Waldmenschen

stört das nicht

dass da unten

da drunten so tief

ein winzig kleiner Käfer

eben gerade noch rief

zu ihm da oben

da droben so hoch

- du A....loch -

***

# Hund und Katze

Was meint der Mensch

wenn er von seiner eigenen Art

zwei benennt in einem Satze

dass sie sich benähmen

wie Hund und Katze

nun

er will sich selbst damit beschreiben

seine Unfähigkeit

sich mit einer anderen

Lebensart

friedlich die Zeit zu vertreiben

ursprünglich

man kann es heute gar nicht glauben

war es freundschaftliche Liebe

die Hund und Katze verband

die ihnen niemand und nichts

konnte rauben

sie streiften gemeinsam

durch die Natur

und genossen die Lebensfreude pur

sie halfen und beschützten sich

an jedem Tag in vielen Jahren

entgingen so oft lachend

lauernden Gefahren

doch eines Tages

trafen sie

ein ihnen unbekanntes Tier

das sie noch nie gesehen hatten hier

da wurd´ den beiden

Angst und Bange

das fremde Tier aber

stellte sich freundlich vor

als Schlange

sie war sehr höflich und sehr nett

verhielt sich lustig

humorvoll und sehr kokett

die Katze und der Hund

empfanden dieses Tier

als Bereicherung

und die Schlange

machte die größte Freude den beiden

als sie entschied

als Weggefährte

bei ihnen zu bleiben

die Zeit

für das Dreiergespann

so verrinnt

Hund und Katze bemerken aber nicht

wie sich veränderte ihr Sinn

die Schlange

schlich sich hier und da

an jeden einzelnen der beiden

ganz ganz nah

und flüsterte zischend

in Katzeohren

das Gegenteil von dem

was vorher in die Hundeohren

für die Katze und den Hund

wurde ihr gemeinsames Leben

immer weniger bunt

und zu keinem Zeitpunkt

fiel ihnen auf oder ein

dass

steter Tropfen höhlt den Stein

das blinde Vertrauen zu sich

verschwand

ein neues Band von

Misstrauen und Arglist

sie jetzt verband

diese negativen Eigenschaften

fingen an sich einzuschleichen

als sie anfingen

bis ins Detail

sich zu vergleichen

waren ihnen ihre Unterschiede

vorher egal

obwohl bestens bekannt

wurden sie jetzt

in einem Zuge

mit Beleidigungen genannt

die Schlange

die das alles hatte ausgelöst

am laufenden Band

war längst schon mit einem

hämisch grinsenden Gesicht

auf ihren schleimigen Schuppen

davongerannt

an manchem Tag doch

kam bei Hund und Katze

das alte Vertrauen wieder hoch

sich dann aber

mit Argumenten der Schlange in ihren Köpfen

schnell wieder verkroch

beide belauerten sich jetzt

feindlich gestimmt

ihr Verstand war auf Arglist getrimmt

die Gegenliebe im Herzen

auf Bosheit umgestimmt

versteckt

belauerte die Schlange sie

noch einige Tage

um sicher zu sein

dass ihre mühevolle Arbeit

nun auch Früchte trage

und als sie sah

wie Hund und Katze bedrohten

gegenseitig ihr Leben

schlich sie beruhigt davon

um auch anderen

ihre Ratschläge zu geben


die Katze und der Hund

trennten sich

mit tiefen Wunden

die sie sich gegenseitig tätigten

trafen jeweils ihre Artgenossen

die ihnen

gleiche Erfahrungen

mit der anderen Art

bekundeten und bestätigten

nicht nur bei Hund und Katze

sondern bei allen Lebewesen

die jemals hier

auf diesem Planeten gewesen

wurd´ hier und da

aus freundschaftlicher Liebe

gar das Gegenteil

durch

eines Dritten Hiebe

und die Moral von der Geschicht

glaub niemandem

der da kommt immer dichter

an dein Ohr

und flüstert dir über jemand anderen

etwas vor

nimm nicht einfach hin

was er da sagt

geh´ und sprich in aller Freundschaft

den Betroffenen an

der angeblich tat

die dir zugeflüsterte Tat


denn Freundschaft

zerbricht nicht an Kritik

sondern nur daran

weil einer vor giftigen Injektionen

zurück nicht schrickt


*\*\**

# Konferenz Gott und Natur

Die Natur

hatte für Gott

nur noch Spott

sie drängte nun schon

seit vielen Jahren

auf eine Konferenz mit ihm

dem sehr Betagten

die Natur vertrat sich selbst

mit allen Lebensarten

von den Tieren und Pflanzen

bis hin

zu den Menschen mit ihren

Gesunden und Kranken

auch Berge, Meere und Seen

waren vertreten

sogar der Regen

die Luft

und der Sonnenschein

kamen zur Konferenz herein

sie alle beklagten sich

und das nicht schlicht

über der Erde göttlich´ Gesicht

was soll das sein für eine Welt

mit göttlichem Plan

schrien sie Gott alle an

und der erwiderte

die Welt mit ihrem Gesicht

ermöglicht jedem von euch

sich so kennenzulernen

wie er wirklich ist

egal

zu welcher Gattung du zählst

oder welche Materie dich hält

du hast dir dein Leben

so wie es ist

selbst ausgewählt

und die Summe

eurer aller Lebensgebärde

ergibt

das Leben für alle

auf dieser Erde

schau dich um

musst du unbedingt

dein Lebensglück so deuten

das es des anderen Pech bedeutet

müsst ihr euch so verhalten

dass

die Winde ihre Stürme

die Sonne ihre Hitze

die Luft ihren Schmutz

die Meere ihre Gifte

nicht mehr können selbst verwalten

und sie ihnen außer Kontrolle geraten

sich niederschlagen

als zerstörerische Naturgewalten

müsst ihr euch wirklich so verhalten

du Mensch

hast dich selbst auserkoren

über allem zu stehen

dir gar geschworen

spitz´ nun deine Ohren

weil du am meisten schreist

nach göttlicher Gerechtigkeit

denn

ich bin nur ein Teil von dir

der zur Verfügung steht

wenn es um Balance geht


ich bin nicht der

der dem einen hilft

den anderen zu erschlagen

auch gebe ich keine Order raus

das der eine in meinem Namen

stiehlt des anderen Land und Haus


auch stehe ich auf keiner Seite

irgendwelcher Religionen

ich wohne schon immer

im Herz jedes einzelnen

in allen irdischen Regionen

die Tier und Pflanzenwelt

um dich herum

bieten dir jede Unterstützung

für deine seelische Entwicklung

sie wollen mit dir in Einklang leben

doch du musst lernen

ihnen mit Verantwortung und Liebe

zu begegnen und schützen

alles natürliche Leben


Mensch

du weißt doch schon lange

dass du bist zu allem imstande

aber dein Streben nach Macht und Geld

das kann ich dir mit Sicherheit sagen

als dein ehrlichster Berater

macht dich in der wirklich wichtigen Welt

zum Versager

die zwei größten Wünsche

die jeder einzelne von euch freiwillig hat

von hier aus mitgenommen

bei seinem Lebensstart

ist

zum einen

allem irdischen Dasein

Respekt zu zollen

und

zum andern

das Zusammenleben auf Erden

ein bisschen

besser machen zu wollen

dafür

habt ihr mitbekommen

die Fähigkeit

zu geben

euer Wohlwollen

denn jeder von euch

weiß sehr genau

dass dadurch

nicht nur weniger

Querelen entstehen

sondern

auch die Möglichkeit

bewusst und insgeheim

in Verbindung zu treten

mit euren Seelen

hier

bei mir daheim

also

legt euch ins Zeug und los

eure Seelen

warten darauf bloß

\*\*\*

**Liebe Leserin**
**Lieber Leser**

### Für Dich

Bist du verzagt an manchen Tagen
findest keine Antwort auf Fragen über Fragen

glaubst alles hat doch keinen Sinn
sagt eine Stimme dir wirf dich doch hin

fühlst dich wie aus ´nem Flugzeug fallend
hörst dich selbst auf den Boden knallend

in diesen Momenten diesen schweren
will ich dir, mehr als Trost, Gewissheit bescheren
die ohne mein Zutun kommt aus höheren Sphären

wirf einen Blick auf mein Signum nun
und gib deinen Gedanken danach Zeit zu ruh´n

denn eines morgens als ich erwacht
wusst´ ich dies Kürzel ist dazu gedacht

in Englisch zwar kurz und prägnant
möchte ich´s dir geben an die Hand

egal was andre von dir denken
egal wie sie dein Leben lenken
egal ob sie dich irritieren
egal ob sie dich kritisieren
egal ob sie dich mit Füßen treten
egal ob sie zu Götzen beten
egal ob ihre Lügen lassen dich erbeben
-
**You Are Right in diesem Leben!**

**Danke**

**für diesen**

**gemeinsamen Spaziergang**

# Von Udo Robert Riegger bisher erschienen:

## Keine Angst vor großen Tieren - menschlich - 1
Nur auf den Humor ist noch Verlass
**ISBN 978-3-7357-6133-1**

## Keine Angst vor großen Tieren - menschlich - 2
Nur auf den Humor ist noch Verlass
**ISBN 978-3-7357-7513-9**

## Keine Angst vor großen Tieren - politisch - 1
Unsere absurde Politik-Wirklichkeit bekommt ein Gesicht
**ISBN 978-3-7357-5752-4**

## Keine Angst vor großen Tieren - politisch - 2
Unsere absurde Politik-Wirklichkeit bekommt ein Gesicht
**ISBN 978-3-7357-7499-6**

## Keine Angst vor großen Tieren -  tierisch - 1
Tier im Mensch und umgekehrt
**ISBN 978-3-7357-5843-9**

## Keine Angst vor großen Tieren -  tierisch - 2
Tier im Mensch und umgekehrt
**ISBN 978-3-7357-7497-2**

**Kaleidoskop Mensch  1**
**Aus dem Leben - Für das Leben**
Wahr oder nicht wahr, entscheiden Sie selbst.
Kurzgeschichten.
Jede für sich eine Perle mit faszinierenden Überraschungen
und spannenden Wendungen.
**ISBN 978-3-7357-7508-5**

**Alle Erscheinungen auch als E-Book erhältlich.**